自分を救ってくれる魔法の言葉

植西 聰

青春出版社

はじめに

ある言葉を目にしたり、口にしただけで、強く励まされたり、また、心がやさしく慰められることがあります。

ある言葉に出会ったことで、それまで思い悩んでいたことが解決され、強い決断力を得ることもあります。

「言葉」には、人の心に訴えかける強い影響力があります。

一つの言葉で、これまでの人生がガラリと変わることもあります。

そのような「言葉の影響力」というものを生活に上手に取り入れていくことが、幸せな、充実した人生を築いていくコツになります。

本書では、心に響くような言葉をたくさん集めました。

この世の中は、多くの矛盾に満ちています。

「朝から晩まで、毎日毎日、がんばっているのに、なかなか努力を認めてもらえない。なぜだろう」

「自分としては誠実に、まじめに人とつき合っているのに、周りの人たちから誤解ばかりされている」

「やってもやっても、やらなければならないことが山のように出てくる。本当はもっと、ゆったりとした生活をしたいのに」

「周りの人たちと比べて決して劣った人間ではないはずなのに、自分自身にどうしても自信を持てない」

といったことです。

誰もがそうですが、怠けたり、やらなければならないことを投げ出したり、逃げだしたりしているわけではありません。

自分ができる範囲で一生懸命にやって生きているのです。

それにもかかわらず、色々なことに悩んだり、落ち込んだりします。

そんな時に「言葉」は、きっと、心の支えになってくれると思います。

思い通りになってくれない人生の中で、幸せを見つけ出していくヒントを与えてくれます。


できれば、本書にある言葉を声に出して言ってみてください。

実際に声に出して言うことで、その言葉が心に与える影響力も増すのです。

その言葉が心の深い部分に入り込んできます。

そして人生に様々な良いことが起こるようになるのです。

目次

本文デザイン　大下賢一郎

第1章 読むだけで、心が明るくラクになる言葉

1

人生とは、白紙の用紙に
みずから物語を書き出すこと。

人は誰でも、自分の人生の中に「物語」を持っています。

どのような経験をし、どのようなことにチャレンジし、そして、どのような人と出会って関係を築いていくか、という物語です。

そして、その物語とは、自分自身で創作していくものです。

人生とは、いわば、白紙の用紙に、みずから物語を書き出していくのと似ています。


哲学者の三木清は、「人生とはフィクションだ」と述べました。「人生には、初めから決まっている筋立てはない」ということです。

言い換えれば、自分で好きなように「自分の人生」という物語を作っていくことができる、ということです。


そして、人生という物語をみずから創作していくことができるからこそ、そこに生きがいや、生きる喜びが生まれるのです。

幸せな人は、大きな幸せよりも、
小さな幸せに感謝している。

「大きな幸せ」というのは、探してもなかなか見つからない場合が多いと思います。

しかし、「小さな幸せ」なら簡単に見つけられます。


「今日は、食事がおいしかった」

「健康的に暮らせて、うれしい」

「久しぶりに友人に会えて良かった」

といった「小さな幸せ」です。


しかも、そのような「小さな幸せ」であれば、身のまわりに数多くあります。

見つけようと思えば、いくらでも見つかるのです。


「幸せな人」というのは、実は、「大きな幸せ」がある人ではありません。

日常生活の中で、「小さな幸せ」を見つけるのがうまい人なのです。

たとえ「小さな幸せ」であっても、たくさん見つけ出すことができれば、それは雪だるまのように大きくなっていきます。

明日計画していることを楽しみにしながら、眠りに就こう。

ロシアの作家であるゴーリキーは、「明日、何をなすべきかわからない人は不幸である」と述べました。

確かに「何をなすべきかわからない人」という人というのは、虚しい感情を抱きやすく、幸福とは言えないかもしれません。

しかし、見方を変えれば、「何をなすべきかわからない」とは、その人自身が「明日何をするのか、何も考えていない」ということだとも言えるように思います。

言い換えれば、人はみずから「明日、やるべきこと」を前向きに考え、計画することで幸せを感じます。

たとえば、眠りに就く前に、

「明日は、以前から気になっていたお店に買い物に行こう。楽しいだろうな」

「明日は、桜の花が咲いた公園を散歩しよう。気持ちがいいだろうな」

といったように、明日という日に向かって何か楽しい計画を立てるのです。

そして、楽しい計画がある明日を待ち望みながら、眠りに就くのです。

それが「幸福な人」になるための一つの方法です。

新しい道を作る人になる。

彫刻家として、また、詩人として活躍した高村光太郎は、「僕の前に道はない。僕の後ろに道はできる」と述べました。

この言葉は、つまり、「誰もしたことがない新しいことにチャレンジして、その分野の先駆者になる」ということを意味しています。

誰かが築いてくれた道の上を歩いていく、という生き方もあるでしょう。

そのような生き方は、ある意味、苦労が少なく楽であるのかもしれません。

しかし、一方で、心からの喜びを得ることはできないのではないでしょうか。

誰もしたことがない新しいことに挑戦し、自分で新しい道を作っていくような生き方は、もちろん、苦労することも多いでしょう。

しかし、その分、生きる喜びも大きいのではないでしょうか。

また、今自分は自分の人生を生きているという深い充実感も味わうことができると思います。

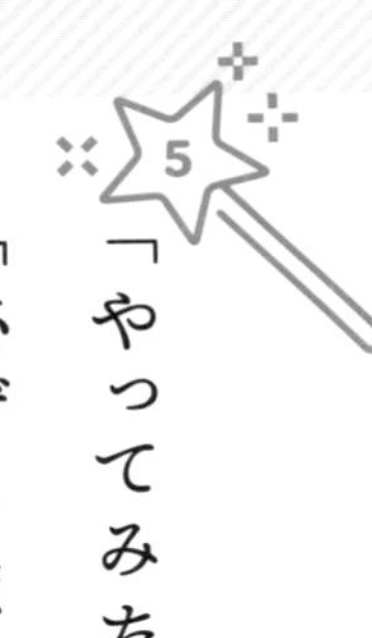

「やってみたい」
「必ずうまくいく」
という明確なイメージを描く。

人生を充実した、有意義なものにするためには、次の三つのステップが必要です。

①願望を持つ……「こういうことをやってみたい」という夢を持つ。
②確信する……「夢を必ず実現できる」と、強く信じる。
③明確化する……夢が実現した時の状況を、できるだけ明確にイメージする。

まずは、自分なりの夢を見つけます。

たとえば、「趣味で手作りしている日用品を販売するお店を持ちたい」という夢を持ったとします。

次には、「その夢を必ず実現できる」と確信します。

そして、実際に夢を実現してお店をやっている自分自身、また、そのお店の様子などを、できるだけ明確に視覚的にイメージするのです。

それが、充実した人生につながっていく秘訣です。

6

心から願う。
そうすれば、すでに半分は
願いが叶っている。

「心願（しんがん）」という言葉があります。

「心願成就（しんがんじょうじゅ）」という熟語もあります。

この「心願成就」には、「心から願っていたことが実現する」という意味があります。

「心願」と「成就」を切り離して、「心から願う。そうすれば、その願いは叶う」という意味にも考えられると思います。


「こんなことをしてみたい」「こんな自分になりたい」と、心の底から願います。

毎日、心から願い続けるのです。

すると、その「願い」がパワーに変わっていきます。

力強い行動を生み出すパワーに変わっていくのです。

その結果、積極的にチャレンジし、積極的に行動でき、夢の実現に近づきます。

従って、出発点としてまず大切なのは「心願」、つまり、「心から願う」ということなのです。

心から願えば、すでに夢を半分実現しているのと同じなのです。

7

これが終わりではない。人は何度でも再起できる。

一生懸命になって努力していたのに、大きな挫折を経験したとします。そのような時、人は往々にして、「私の人生はもう終わりだ」と考えてしまいがちです。

しかし、実際には、人生には「もう終わり」などということはないのです。失敗や挫折を経験したとしても、人は何度でも再起できます。ふたたび立ちあがって、人生をやり直すことができるのです。

小林多喜二は、「そして彼らは立ちあがった。もう一度」と述べました。

この言葉にある通り、失敗や挫折をして落ち込むことがあったとしても、「もう一度、チャレンジしてみよう」と、立ちあがってみるのです。

大きな目標や仕事は、失敗しては立ちあがり、挫折しては再起する、ということを何度も繰り返しながら達成されるものなのです。

マグロは泳いでいなければ死ぬ。
だから泳ぎ続ける。

マグロは、泳ぎ続けていなければ死んでしまうそうです。

泳ぎながら海水を体内に取り込み、酸素を吸収しているのです。

ですから、泳ぐのをやめてしまったら、酸素の吸収もできなくなります。

そのために死んでしまうのです。


人間の場合は、夢や希望に向かって前進し続けていなければ、元気がなくなってしまいます。

「今日はおいしいものを食べる」といった、毎日の小さな希望でもいいのです。

人は夢や希望を持ち、それに向かって行動しているからこそ、元気に生きていけます。

イキイキとした精神状態で、明るく生きていけるのです。

ですから、夢と希望を追い続けることが大切なのです。

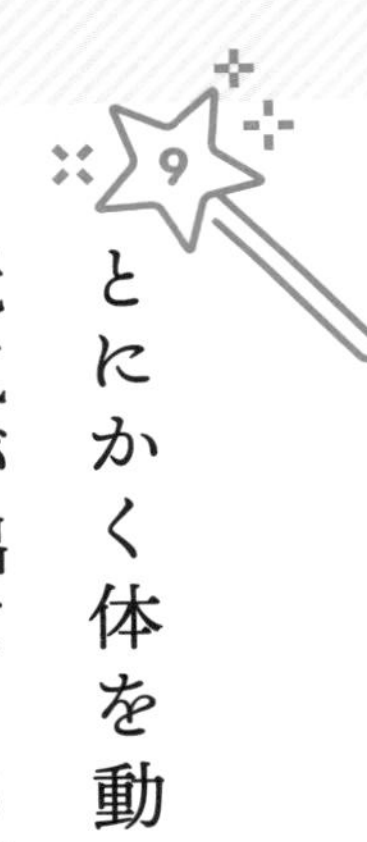

とにかく体を動かす。
元気が出てくる。

体を動かすと自然に気持ちが明るくなり、元気が出てくるということが、脳科学の分野で知られています。

体を動かすと、脳の中でセロトニンというホルモンの分泌が盛んになります。

このセロトニンの分泌が盛んになると、精神的に元気が出てくるのです。

生きていれば誰であっても、気持ちが前向きにならなかったり、落ち込んでいくことがあると思います。

そのような時は、じっと思い悩んでいるのではなく、とにかく体を動かしてみます。

散歩に出かけてもいいでしょう。

ストレッチやヨガなど軽い運動をしてもいいと思います。

そうやって体を動かすことで、元気が出てきます。

また、楽天的になって、「こんなことで落ち込んでいても意味がない。まあ、どうにかなるだろう」と、気持ちを入れ替えることもできるようになります。

10

年齢なんて関係ない。いつからでも新しいことを始められる。

年々、日本人の寿命は延びています。

百歳になっても元気で活躍している人もいます。

そういう意味では、現代日本は「年齢なんて関係ない」という時代になっているのかもしれません。

言い換えれば、何歳であっても、新しいことにチャレンジできます。

「私の年齢では、もう無理だ」と考えることなどないのです。

たとえば、仕事をリタイアしてから、スーパー・ボランティアとして全国の被災地で活躍している人もいます。

長年勤めた銀行を定年退職してから、ゲームのソフト開発者となって大成功した女性もいます。

このように年齢に関係なく新しいことにチャレンジして、そしてイキイキと人生を楽しんでいる人も大勢いるのです。

自分の年齢なんて気にする必要はありません。

やりたいことがあれば、どんどんチャレンジしていけばよいのです。

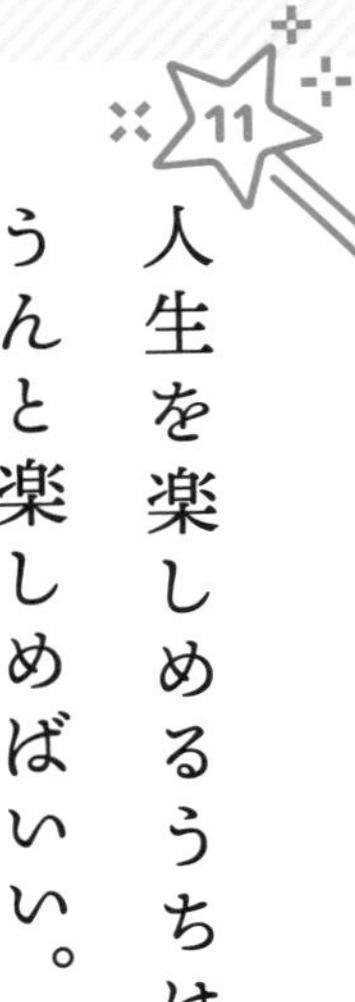

人生を楽しめるうちは、うんと楽しめばいい。

スイスの詩人であるヨハン・マルティン・ウステリ（18〜19世紀）は、「バラは、花がしぼまないうちに摘むといい」と述べました。

この言葉にある「バラ」は、「人生の楽しみ」の比喩として用いられています。

すなわち、人生の楽しみを謳歌できるうちは、その「花」がしぼまないうちに、大いに謳歌しようと言っているのです。

いつまでも人生を楽しめるとは限りません。

ケガや病気などで、楽しみたくても楽しめない時期がやって来るかもしれないのです。

楽しめるうちは、大いに楽しいことをやって、生きている喜びを心から実感することが大切です。

人生の楽しみ方は色々あります。

たとえば、楽しい趣味を持ったり、人と会って楽しい時間をすごすのもいいと思います。

スポーツを楽しむのもいいでしょう。

自分で何か楽しいパーティを企画して、友人を呼んでもいいと思います。

あるいは、旅行を楽しむという方法もあります。

そんな楽しみを持てば、未来に向けて、明るい気持ちで生きていけます。

楽しめる時はどんどん楽しんでおくことが大切です。

第2章 読むだけで、視点が変わる言葉

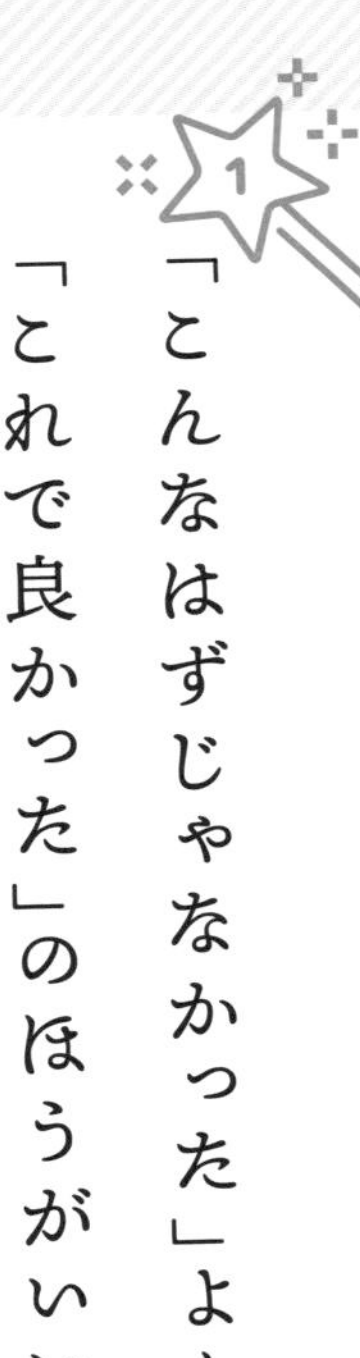

「こんなはずじゃなかった」より、「これで良かった」のほうがいい。

「私の人生、こんなはずじゃなかった」と言う人がいます。

しかし、そのように嘆いて、自分自身がやったことをいくら後悔しても意味はないと思います。

これからの人生に対しても、悲観的な気持ちになっていくばかりでしょう。

幸せに生きていくためのコツの一つに、どのようなことであれ、自分の身に起こったことは肯定的に受け入れる、というものがあります。

「こんなはずじゃなかった」ではなく、「これで良かった」と考えてみるのです。

どのような経験であれ、必ず良い面が見つかるものです。

それを見つけて、「これで良かった」と言うのです。

つまり、「起きたこと、すべて良し」の精神です。

たとえばリストラにあい、長年働いた会社を退職することになったとします。

そのような経験をした時も、「これで新しい挑戦ができる。これで良かったじゃないか」と自分に言い聞かせてみます。

そうすることで、これからの人生へ向かって前向きに生きていけます。

「雨もまた良し」と考えてみる。

人生では様々なことが起こります。

時には、望んでいないことが起こることもあるでしょう。

しかし、それをネガティブに考えるのではなく、すべてのことを肯定的に受け入れることが、楽しく暮らしていくための大切なコツになります。


たとえば、今日は、あいにくの雨降りだったとします。

しかし、そこで、「雨だからつまらない」と考えるのではなく、

「雨の風景も美しいものだ」

「雨だから、ゆっくりと好きな本を読める」

といったように肯定的に受け入れてみるのです。

そうすれば、「雨もまた良し」という心境になれます。


辛いことも、苦しいことも、このようにちょっとプラスに視点を変えるだけで、「それもまた良し」と肯定的に考えられるようになるのです。

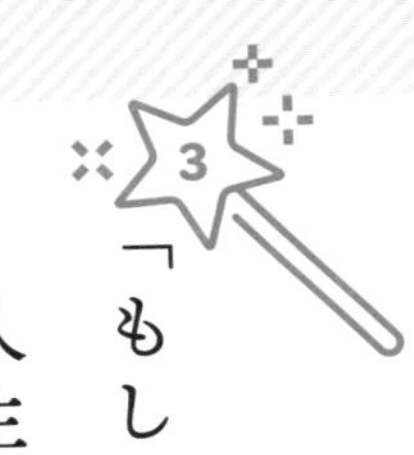

「もし今日という日が、人生で最後の一日だったら」と考えてみる。

もちろん実際にそうなるわけではないのですが、あえて、「今日が私の人生の最後の日だったら?」と考えてみます。

きっと、「ボヤボヤしていられない。今日を精一杯楽しまないと。今日という日をできるだけ充実したものにしたい」という意欲がわき出てくるでしょう。

そういう意味で言えば、時々、「今日が人生の最後の日だったら」と考えることは決して悪いことではありません。

それは、むしろ、今日という日を満ち足りたものにするための、ひいては、人生全体を有益なものにするためのコツなのです。

仏教には、「一日一生（いちにちいっしょう）」という言葉があります。

一日一日を、それこそ「最後の日」だと思って生きていく、という意味です。

そのように心がけて、今日という日を大切にしていくことが、良い人生につながっていくのです。

人生を大切にするとは、
今この時間を大切にすること。

「自分の人生を大切にしていきたい」と言う人がいます。

人生を大切にするとは、つきつめれば、今というこの時を大切にしていくことを意味していると思います。

人生とは、つまり「今」の膨大な集積によって出来上がっています。

その一つ一つの「今」を大切にしていくことが、人生を大切にするということにつながっていきます。

「自分の人生を大切にしていきたい」と言いながら、今この時間をくよくよと悩んで過ごしているのでは、何の意味もありません。

禅の言葉に、「前後際断（ぜんごさいだん）」というものがあります。この言葉には、「未来のことを心配したり、過去のことをあれこれ考えるのではなく、今この時に集中して生きる」という意味があります。

つまり、「未来や過去への思いを断ち切る」ということです。

そうして、「今この時」に生きてこそ、すばらしい人生が出来上がるのです。

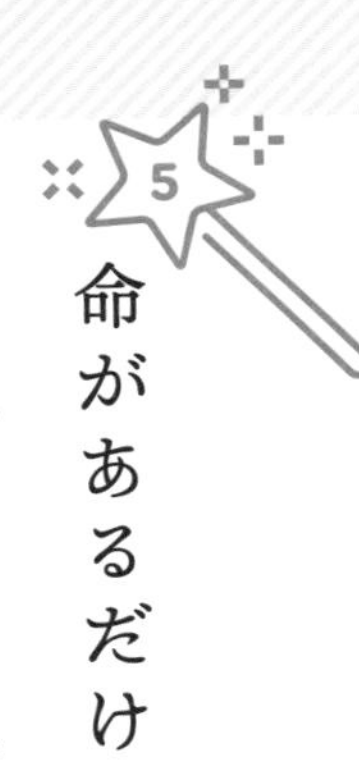

命があるだけで儲(もう)けもの、
不足なものは何もない。

私たちは、欲を張れば張るほど、心に苦しみが生まれ、不幸になっていくのではないでしょうか。

なぜなら、人の欲には切りがないからです。

何かを手に入れれば、また別のものが欲しくなる。いつまで経っても「安らかな満足感」というものを得られません。

そうなると幸せになれません。

仏教には、「できるだけ欲を少なくして、少ないもので満足するように心がけることが、心安らかに生きるコツだ」という考え方があります。

これを究極までつきつめると至るのが、「このすばらしい命があるだけでも、私は十分に幸せだ」という心境でしょう。

そして「命あるだけで幸せ」という考え方に基づいて生きていくことで、欲に心をとらわれることなく、幸せな人生を生きていけると思います。

それが、自分の命を大切にすることになります。

6

いい知恵が出ない時には、いい汗を流す。

何か重大な問題に直面し、解決するために知恵を絞（しぼ）らなければならない時があります。

しかし、うんうん唸（うな）るように考えても、なかなか思い浮かばないこともあるでしょう。

そのような時には、いい汗を流すのがいいのです。

「汗を出す」とは、行動するということです。

問題を解決するために、とにかく、色々なことを試してみます。

体を動かして色々なことを試しているうちに、何かいい知恵を思い浮かぶということもあると思います。

いい汗を流すことで、いい知恵が出るのです。

いい知恵を授（さず）けてもらうために、その分野に詳しく頼りになる人たちを訪ね回るのもいいでしょう。

大切なのは、じっと座ったままでいないことです。

体を動かすことで、視点も変わってきます。

どんな仕事をすることになっても、「日本一を目指そう」と考える。

自分で会社を興し、マスコミ関係のプロデューサーとして活躍していた男性がいました。

しかし、3年後不幸なことに会社が倒産してしまいました。

とにかく何か収入を得る手段を見つけないと、生活していけません。

彼は就職先を探しましたが、50歳を過ぎた年齢では、なかなかいい就職先が見つかりませんでした。

そこで数カ月後、警備員の仕事に就いたのです。

当初、彼は、「プロデューサーとして活躍していた自分が、クリエイティブではない仕事に就くことになった」と、ずいぶん落ち込んだそうです。

しかし、意識の持ち方を変えました。

「こうなったら、日本一の警備員になってやる」と考えるようにしたのです。

その結果、気持ちが前向きになったのです。

運命のいたずらで不本意な仕事に就かざるをえなくなった時も、その分野で「日本一になってやる」と自分に言い聞かせると、その後の展開が変わってきます。

8

常識にとらわれない。
常識を打ち破る。

かつて非常識と思われていたことが、やがて常識となっていくということが、人類の歴史には多くありました。

たとえば、昔は「地球の周りを太陽が回っている」というのが常識であって、「太陽の周りを地球が回っている」という考え方などは非常識でした。

しかし、多くの科学者たちの研究によって、現代では「太陽の周りを地球が回っている」ということが常識になっています。

そういう意味では、「これが常識だ」とか「こんなことは非常識だ」といった考え方には、あまりとらわれないようにするほうがいいのかもしれません。

そのために、ユニークな発想ができなくなる怖れがあるからです。

むしろ、「常識を打ち破って、何か新しいことを成し遂げよう」という意気込みを持つほうがいいと思います。

それが、画期的なことを実現することにつながります。

9

欠点があるからこそ、すごい人間になれる。

ユダヤの格言に、「人間の長所は、欠点があることだ」というものがあります。

一見、矛盾していることを言っているようにも思えますが、そこには道理がります。

というのも、人間は、欠点があるからこそ、その欠点を克服しようと一生懸命になって努力します。

欠点があるからこそ、謙虚な気持ちで「多くのことを学びたい」という意欲がわいてきます。

従って、欠点とは、実は、努力と学びへの意欲を生み出す原動力になるものです。

そういう意味で、欠点があることは、その人の長所になるのです。

自分に欠点があるからといって、落ち込んだり悩んだりすることはありません。

自分に欠点があることを自覚しながら、謙虚に努力し、学んでいく姿勢を持てば、すばらしい人生を送ることができます。

いろいろな角度から物事を見なければ、全体像は見えてこない。

「鳥の目、虫の目、魚の目」という言葉があります。

「鳥の目」とは、物事を高く遠く離れた地点から大局的に見る、ということを意味しています。

「虫の目」とは、物事の細部を詳しく見る、ということです。

「魚の目」とは、物事を深い地点から見て検討する、ということです。

つまり、「鳥の目、虫の目、魚の目」とは、一つの物事をいろいろな地点から見てみなければ、その全体像はわからない、ということを指摘する言葉なのです。


ある一つの地点から物事を見ているだけでは、その全体像は見えません。

そのために誤った判断をして大きな失敗を招く結果にもなりかねません。

そのような判断の誤り、大きな失敗を避けるためにも、色々な角度から物事を見て検討するという習慣を持つことが大切です。

その全体像がわかってこそ、正しい判断、的確な行動を取ることが可能になるのです。

後ろばかり見ていたのでは、
前が見えなくなる。
顔を前へ向けよう。

人間は、前を向けば、後ろが見えません。

反対に、後ろばかりを向いていたら、前を見ることができなくなります。


自分のしたことを後悔してばかりいる人がいます。

しかし、そうやって過去のことばかりに意識をとらわれていると、将来自分が何をしたいのかということに意識が向かなくなります。

つまり、後ろ（過去）ばかりを向いていたら、前（未来）へと視線を向けることができなくなるのです。それでは将来へ向けて前向きに、より良い人生を築いていくことはできないでしょう。


過去に自分がしたことは、「いい勉強になった」と受け入れて、顔を後ろから前に向けて、これから自分がどのような人生を築いていきたいかを考えていくほうが得策です。

むやみに過去を否定するのではなく、受け入れるのです。

「愚かなことをした。あんなことをするんじゃなかった」と否定している限り、過去のことに心をとらわれ続けます。

ですから、「肯定的に受け入れる」ほうがいいのです。

そのためには発想の転換が必要です。

「いい経験だった。あの経験のおかげで、私は成長できた」

「ああいう経験がなかったら、今の私はないだろう」

というように考えるのです。

そうすることで過去のことが気にかからなくなり、顔が前を向きます。

すなわち、意識が未来へと向きます。

未来へ向かって、前向きに歩いていけるのです。

第3章 読むだけで、性格が変わっていく言葉

他人に勝つ者が強いのではない。
本当に強いのは、自分の夢を実現する者だ。

会社のように大勢の人たちが集まって競争が行われる環境では、どうしても「ライバルに勝ちたい」という強い欲求にとらわれがちです。

しかし、それは、必ずしも良いことではありません。人と争うことのストレスから、心身が消耗して、仕事への意欲を失う人もいるからです。

そういう意味では、「ライバルに勝つ」ということに躍起になるよりも、「仕事を通して自分の夢を実現する」「自分らしいアイディアを生かして個性的な仕事をする」ということを優先するほうが賢明です。

そのほうが楽しく、イキイキと仕事をしていけると思います。

『孫氏の兵法』には、「闘わずして勝つのが、本当の強さだ」という意味の言葉があります。

この言葉には、「本当に強い人」とは、ライバルと無用な争いを繰り広げるのではなく、自分の夢を実現することに専念するものだ、という意味が込められています。

私より頭のいい人はたくさんいる。
だから学ぶ。
だから教えてもらう。

謙虚な気持ちで多くのことを学んでいくことができる人は、それだけ人間的に大きく成長していくことができます。

人に会った時に、謙虚な態度で色々なことを教えてもらえる人は、豊かな人間に育っていくことができます。

そういう意味で、いつも謙虚な気持ちを忘れないでいることが大切です。

驕(おご)った考えを持ち、「私は誰よりも頭がいい」と、うぬぼれている人もいます。

こういう人は、「より良いことを学びたい」「人からもっと教えてほしい」という意欲も薄いのです。

そのために、それ以上、自分という人間を成長させていくことはできません。

そういう意味では、人は、年齢を重ねても、高い地位に就いていても、謙虚な気持ちで「学ぶ」「教えてもらう」と心がけていくほうがいいと思います。

謙虚でいる限り、その人は永遠に成長していきます。

不満を言うのをやめる。それだけでも幸福になれる。

不満は、誰にでもあると思います。

仕事、収入、生活、人間関係、数えあげたらいくらでも出てきます。

しかし、そんな不満だらけになって生きている人の人生が幸福なものであるとは思えません。


幸せに生きるための大切なコツの一つは、「不満を言わない」ということです。

不満があっても、あえて口にしないのです。

なぜなら、不満を言えば言うほど、自分自身が不幸な人間に思えてくるからです。

周りの人との人間関係もギクシャクしてくるでしょう。

従って、不満を言うのではなく、満足できるものを探して、それに感謝する言葉を口にするように努力するのです。

「ありがたい」「おかげさまで」という言葉をたくさん口にするだけで、その人は幸せになれるでしょう。

待っていても期待するものは来ない。
こちらから迎えに行こう。

太宰治(だざいおさむ)は、「幸福の便りというものは、待っている時には決してこないものだ」と述べました。

「何かいいことないかなあ」と、ただ待っているだけでは、何もいいことは起こらないでしょう。

自分の人生に何か「いいこと」が起こるのを期待しているのであれば、その到来をただ待っているばかりでなく、こちらから迎えに行く必要があります。

「迎えに行く」とは、「行動を起こす」ということです。

たとえば、「いい人と出会いたい」なら、そういう人との出会いが期待できるような場所へと積極的に出かけていくことです。

「仕事のチャンスを得たい」なら、まずは色々なことにチャレンジしてみます。

このようにして迎えに行く、つまりこちらから行動を起こすことで、「いいこと」がもたらされるのです。

ただ待っているだけでは何も起こらないと思います。

こちらから仕掛ける人になる。そのほうが解決が早い。

「あの人から連絡が来るのを待っているけど、なかなか来ない」と言って、イライラしている人がいます。

そんなにイライラするのであれば、待っているのではなく、こちらから連絡してみるほうがいいと思います。

そのほうが話が早いし、余計なストレスを溜めずに済みます。

このことに限らず、何事であっても「待つ人」になるのではなく、「こちらから仕掛けていく人」になるほうが賢明だと思います。

そのように能動的に生きていくほうが、人生はより楽しくなります。

また、多くのことを成し遂げられるでしょう。

待っていても、望んでいるものはやってきません。

やってくるとしても、時間がかかります。

そうならば、自分から仕掛けて取りに行くのが一番です。

義務感からやらない。楽しんでやる。

人間には「義務」がつきものです。

たとえば、会社員であれば、仕事をきっちりこなし成果を出すのは、会社員としてやらなければならない義務だと思います。

しかし、人間には「義務だからやっている」という意識を持つと、ストレスや精神的な重荷が余計に重くのしかかってくる、という心理傾向があるようです。

「本当はやりたくないのに、嫌々やらされている」といった感じがしてくるのです。

そのために、がんばろうという意欲も減退します。

人が前向きな意欲を持って元気に暮らしていくためのコツに、「義務感からではなく、楽しんでやる」というものがあります。

たとえば、自分から積極的にアイディアを出し、創造的な仕事をするのです。

そうすれば、単調に見える仕事でも、楽しくなると思います。

「楽しむ」ということを意識することで、余計なストレスや重圧感から解放されるのです。

一番ダメなのは、「自分なんてダメ」と思い込むこと。

いい才能を持っているのに、人一倍努力しているのに、「私はダメな人間だ。周りの人たちに比べて劣っている」と思い込んでいる人がいます。

残念なことに、「自分はダメ」と思い込むことで、その才能も能力も本当にダメなものになってしまいます。

そういう意味では、一番ダメなのは、「自分はダメ」と思い込むことなのです。

自分が持っている才能や能力を生かし、それにさらに磨きをかけるために大切なことは、自分に自信を持つということです。

「私はすごい。すごいことを成し遂げることができる」と、自分自身に語りかけ、信じ込むことです。

その「自分がすごい」ということに、根拠などなくてもいいのです。

たとえ「根拠がない自信」であっても、自信を持ち続ければ、自分がいい方向に変わっていきます。

持っている才能や能力が飛躍的に伸びる時がやってくるのです。

自分自身に期待する。
そうすれば才能は伸びていく。

心理学に、「ピグマリオン効果」という言葉があります。

アメリカで、小学生を対象として行われた学力テストがあります。一部の生徒たちを無作為に選び出して、「君たちはテストで良い成績を収めた。これからも成績が伸びる可能性がある。先生たちは大いに期待している」と告げました。しかし、これは実際には、事実ではありませんでした。無作為に選んだ生徒たちだったからです。しかし、その後も、その生徒たちに「君たちの将来に期待している」ということを伝えていきました。

すると本当に、その生徒たちは成績を伸ばしていったのです。

このことは、「人は期待されると、その期待に応えようと努力する」ということを示しています。これがピグマリオン効果です。

「自分で自分に期待する」ということでもいいのです。

自分自身に「私にはすばらしい未来があるはずだ」と期待すれば、大きく成長していけるのです。

思いあがりはやめよう。後で自分が辛くなるから。

思いあがりから、実際以上に「自分はすごい人間だ」と思い込んでいる人がいます。

そして、無謀なことをしたり、周りの人たちに自慢したりします。

そのような「思いあがり」はやめたほうがいいでしょう。

後で痛い目にあい、後悔することになる場合もあるからです。


イソップ物語に、『オオカミと影』という話があります。

ある日の夕方のことです。

一匹のオオカミがふと地面を見ると、自分の影が長く延びていました。

太陽が西に傾いたために影が延びていただけの話なのですが、その影を見て、「私はこんなに体が大きい。これならライオンにも勝てる。百獣の王は私なのだ」と考えました。

そして実際に、ライオンに挑(いど)みかかり、ひどい痛手を負いました。

この話も「思いあがってはいけない」ということを教えています。

すべては心次第。
幸福か不幸かは、その人の心が決める。

仏教の創始者であるブッダ（紀元前5～4世紀）は、「人は、その人が考えている通りの人間になる」と述べました。

たとえば、「私はなんて不幸なんだろう」と考えている人がいたとします。

すると、その人は、「その人が考えている通り」に不幸な人になっていくのです。

しかし、その人が考え方を変えたとします。

自分の人生の中に満足できること、うれしく思うことを探し出して、「私はたくさんの幸福に恵まれた人間だ」と考えるように努めたとします。

すると、その人は、「その人が考えている通り」に幸福な人間になることができます。

つまり、自分が不幸か幸福かを決めるのは、実は、その人の「心」次第なのです。

自分で自分の人生をどう考えるか、ということにかかっているのです。

マイナスに考える習慣がある人は、考え方を変えれば、性格が変わり、これからの人生も、いい方向へと大きく変わっていきます。

人の人生というものは、その人の「心」のあり方が決定する、と言っていいでしょう。

必ずしも「経験」が、人生を決定するわけではありません。

たとえ辛い経験をしたとしても、「心」がそれを肯定的に受け止めれば、人生を肯定的に、前向きに生きていけます。

しかし、否定的に受け止めれば、自分の人生を嘆くことになるでしょう。

たとえば、失恋をした時、「悲しい経験だけれど、この経験によって私は人間的に成長できる」と受け止められれば、今後の人生を前向きに生きていけます。

しかし、「悲しい。私は立ち直れない」と受け止めてしまえば、その人はこれからずっと自分の人生を嘆き続けることになるかもしれません。

第4章 読むだけで、自信がわいてくる言葉

達成できなかったとしても嘆かない。
努力しただけでも、
すごいのだから。

自分なりの「人生の目標」を掲げ、その達成のためにがんばったとしても、実現できない場合もあります。

そのような経験をすれば、落ち込んだり、ダメな自分にいら立ったりもする人もいるでしょう。

しかし、それほど落ち込む必要はありません。

なぜなら、何の目標を持たずに、日々に流されながら生きている人もいるからです。

そのような人に比べれば、目標を持って、その実現に向かって努力してきたというだけでも、実は、すごいことなのです。

そんな自分に自信を持ってもいいと思います。

努力の過程で学んできたこともたくさんあるはずです。

学んできた知識は、次のチャレンジに生かせるでしょう。

人生には扉がある。
扉を開けなければ、
向こう側は見えない。

人生には「扉」があります。

しかも、その扉は閉まっています。

扉の向こうに何があるかは、その扉を開けてみなければわからないのです。

たとえば、好きな人ができて、その相手と結婚しようかどうか迷っている人がいたとします。

しかし、いくら迷ったとしても、結婚生活がどのようなものになるかは、わかりません。

人生には扉があって、扉の向こうに何があるかは見通せないからです。

それが知りたければ、勇気を持って扉を開けるしかありません。

幸せな世界が広がっているかもしれません。

しかし、それはやはり「扉を開ける」という実際の行動に出なければわからないことなのです。

不安に思って、扉を開けないままに終わってしまうと、後悔することになりかねません。

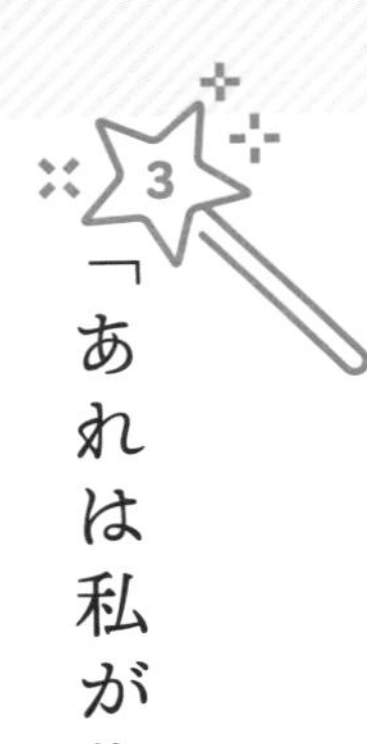

「あれは私が作ったんだ」と言えるものを持つ。

ある男性は大手の建設会社で、主に大きな橋を架(か)ける仕事をしています。

家でテレビを見ている時、時々、彼が作った橋が旅行番組などで紹介されることがあります。

そのような時は、子供に、「あの橋はお父さんが作ったんだ」と自慢するそうです。

「お父さん、すごいね」とほめられると、とても誇らしい気持ちになるのです。

人にとって、この男性のように、「これは私が作ったんだ」というものがあるのは、とても幸せなことではないでしょうか。

大きな自信と誇りになると思います。

そういう意味では、仕事や趣味などを通して、「私が作った」と言えるものを一つでも二つでも作っていけるように努力することが大切です。

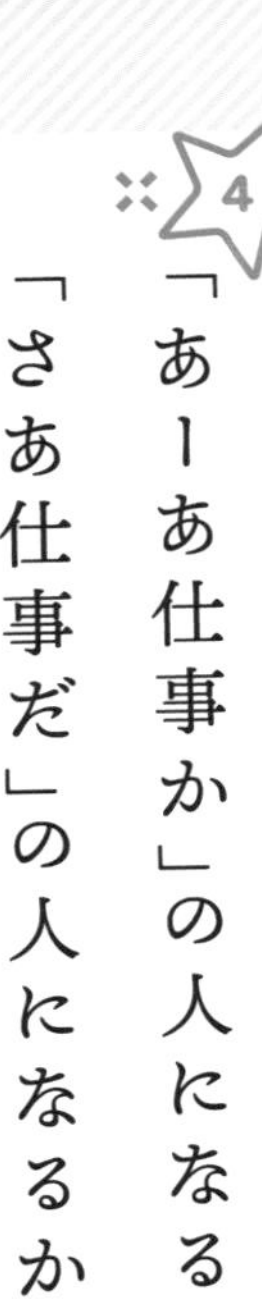

「あーあ仕事か」の人になるか、「さあ仕事だ」の人になるか。

何かを始めようという時に「あーあ」で始めるか、それとも「さあ」で始めるか、これだけでもずいぶん気合の入り方が違ってきます。

たとえば仕事を始める時です。

「あーあ仕事か」などとため息まじりで始めたとしたら、きっと、仕事に気合は入らないでしょう。

ダラダラやることになるのではないでしょうか。

やる以上、「さあ仕事だ」と、自分に気合を入れて始めるほうがいいと思います。

それでこそ、仕事に集中できます。

毎日同じ仕事をしていると、気持ちがマンネリになってきて、「あーあ」とため息をつきたくなる気持ちもわかります。

それは、ある意味、自然な感情でもあるのでしょう。

しかし、だからこそ、意識して、「さあ仕事だ」、あるいは「よし、やるぞ」といった言葉で自分に気合を入れることが大切です。

そのことによって、仕事への自信も生まれます。

才能でも、実績でもない。
一つのことに夢中になることで、
自信は生まれる。

自分への自信は、どこから生まれるのでしょうか。

それは、自分が好きなことに一生懸命になって打ち込むことからではないかと思います。

「好きなもの」を持っている人は、それだけで自信を持てます。

そして、その好きなことに一生懸命になって打ち込むことで、その自信はどんどん大きくなっていくのです。


特別な才能などなくてもいいのです。

これまでに大きな実績をあげたことがなくても構いません。

とにかく、自分が心から好きになれるものを見つけることです。

そして、その好きなことに向かって邁進するのです。

そうすれば、自分の人生に自信を持って生きていけるようになります。

そして、自信を持って生きていけば、そんな自分を信頼して、たくさんの人たちが集まってきてくれます。

6

一流の人とは、専門家ではなく、
トータルな人のことである。

「一流の人」とは、決して、その狭い分野だけの専門家のことを指すのではないと思います。

もっと幅広い教養を身につけた、いわば「トータルな人」であってこそ、本当の意味で「一流」と呼ばれるのではないでしょうか。

「一流の和食料理人」と呼ばれる人がいます。

その人はもちろん料理の専門家なのですが、料理の腕をさらに上げるための努力をするのはもちろんのこと、その他にも、生け花を習ったり、書道をしたり、陶芸にチャレンジしたりしています。

そのように幅広い分野を体験することで、自分が持つ美意識というものに磨きをかけています。美意識に磨きをかけることが、人に喜んでもらえる料理を作ることに役立っていると考えているのです。

この料理人のように、「トータルな人」になれる人が、本当の意味で「一流の人」と呼ばれるのです。

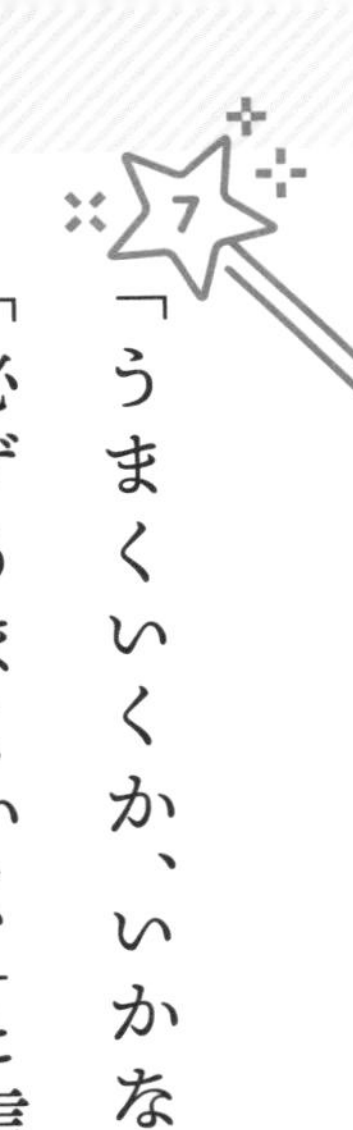

「うまくいくか、いかないか」ではない。
「必ずうまくいく」と信じる。

何かを成し遂げようという時は、強い信念を持つことが大切になります。信念があってこそ、自信を持って積極的に物事に当たっていけます。その結果、力強く前進し、目標を達成できます。

しかし、この信念を惑わすものがあります。それは、「本当にうまくいくんだろうか?」という迷いです。計画通りにいかないことがあったり、ちょっとした不都合に見舞われると、人は、往々にして、この「本当にうまくいくのか?」という迷いに心を奪われます。しかし、そのような迷いにとらわれること自体が信念の力を弱め、うまくいかない方向へとその人を導いていくことになります。

従って、どんな支障が生じようとも、「必ずうまくいく」と信じ続けることが大切になります。

そう強く信じることで、迷いに惑わされることなく、最後まで自信を持って物事をやり通すことができます。

8

「必ず世界一になれる」、そう毎日唱(とな)え続けるだけでいい。

人が口にする「言葉」は、その人の精神面に対して強い影響力を持っています。

ポジティブな言葉を口にすれば、気持ちがポジティブになります。

そして、ポジティブな言葉を唱え続けることによって、大きな夢を叶えることも可能になります。


マラソンのコーチとして活躍した小出義雄さんは、当時現役の選手だった高橋尚子さんに「君は世界一になれる。君なら必ずできる」と声をかけ続けたと言います。

高橋さんも、「私は世界一になれる。私なら必ずできる」と自分自身に向かって言い続けたようです。

その結果、一層練習に打ち込めるようになり、自信も強くなって、実際にオリンピックで金メダルを取ることができたのです。

自信を持つために「ポジティブな言葉」を役立てることが可能です。

後になってわかる。
どちらの道を選択しても、
大差はなかったと。

人生では、時に、大きな選択を迫られる時があります。

「右の道へ行けばいいのか、それとも左の道へ進むべきか」という時です。

たとえば、就職の際に、「A社に就職するか、それともB社での仕事を選ぶか」と迷った、という人もいるでしょう。

会社に就職してから、「独立して自分で事業を始めるか、それとも今の会社で働き続けるかで迷った」、という人もいるかもしれません。

ただ、後になってわかることなのですが、「自分の人生に自信を持っていれば、どちらの道に進んだとしても大差はなかった。自信さえあれば、どちらの道に進んだとしても幸福な人生を築けただろう」と思えてくるものなのです。

つまり、大切なのは、いくら迷ったとしても自信を失わないということです。

自信さえ失わなければ、どちらの道を選択したとしても、その道で全力を出して努力していけます。

そして、その道において、すばらしい人生を築いていけるでしょう。

10

人は、自信満々でいる人の周りにしか集まってこない。

ドイツの文豪であるゲーテ（18〜19世紀）は、「自分に自信を持つと、他人の信頼も得る」と述べました。

そして、他人の信頼を得られるから、自信満々でいる人の周りにはたくさんの人たちが集まってくるのです。

逆の言い方をすれば、自信がなさそうにしている人は、周りの人たちの目からは、いかにも頼りなさそうに見えます。

周りの人たちに、「この人には大切なことを任せられそうもない」という印象を与えてしまいます。

従って、その人の周りには、あまり人が寄りつかないでしょう。

そういう意味では、とにかく自分という人間に自信を持って生きていくことが大切です。

そうすれば、多くの協力者、多くの仲間を得られるでしょう。

自信を持つためには、どのような経験をしたとしても、それを自分の成長に結びつけることが大切です。

たとえば、仕事で大きな失敗をしたとします。

しかし、その失敗から教訓になるものを見つけ出し、これからの仕事に生かしていく意識を持ちます。

それが自分の成長に結びつくのです。

実際に「あの失敗から、私は成長できた」と言えるようになれば、その人は失敗によって自信を失うことはないでしょう。

むしろ、自信を持てます。

そして、その人の周りには多くの人が集まってくるのです。

第5章 読むだけで、「折れない心」が育つ言葉

チャンスを手にするのを怖れない。
つかみ取ってこそ、生かせる。

目の前に成功のチャンスがあるのに、「失敗したらどうしよう」という不安から、逃してしまう人がいます。非常に残念なことではないでしょうか。

勇気を出してつかみ取ってこそ、そのチャンスを生かせるのです。

イソップ物語に、『金のライオンを見つけた男』という話があります。

ある男が道を歩いていると、目の前に金で作られたライオンの置き物がありました。拾って帰れば、大金持ちになれます。そして、その財産を使って事業に乗り出せば、大成功するチャンスにも恵まれるのです。

しかし、その男は、「もしこの金のライオンを持ち帰れば、何か悪いことが起こるのではないか。これは神様が私に与えてくれた恵みではなく、むしろ罠(わな)ではないか」と、あれこれ考え、結局は拾わないまま帰ってしまいます。

あくまでも例え話ですが、このような男を反面教師にして、せっかくのチャンスは逃さずつかみ取ることが大切だ、ということを示しています。

スタートダッシュに全力を注ぐと、勢いに乗れる。

「初め良ければ、終わり良し」ということわざがあります。

スタートダッシュがうまくいけば、あとはその勢いに乗って物事はすべて順調に運び、最終的な結果もすばらしいものになる、という意味です。

大切なのは「初め」、つまり、いかにいいスタートダッシュを切るか、ということなのです。

嫌々ながら、乗り気のない態度でスタートするのは得策ではありません。

仕事でも勉強でも、趣味や習い事などでもそうでしょうが、何か新しいことを始めようという時には、初めは全力で走り出すと、後はその勢いに乗って楽に走っていけます。

では、どうすれば勢いのあるスタートダッシュができるかというと、「必ずやり遂げる」という強い意志と、「きっとうまくいく」という確信的な気持ちを持つことが大切です。

「強い意志」と「確信的な気持ち」は、一見同じもののように思えるかもしれませんが、この両者をバランス良く持つことで力を発揮できるのです。

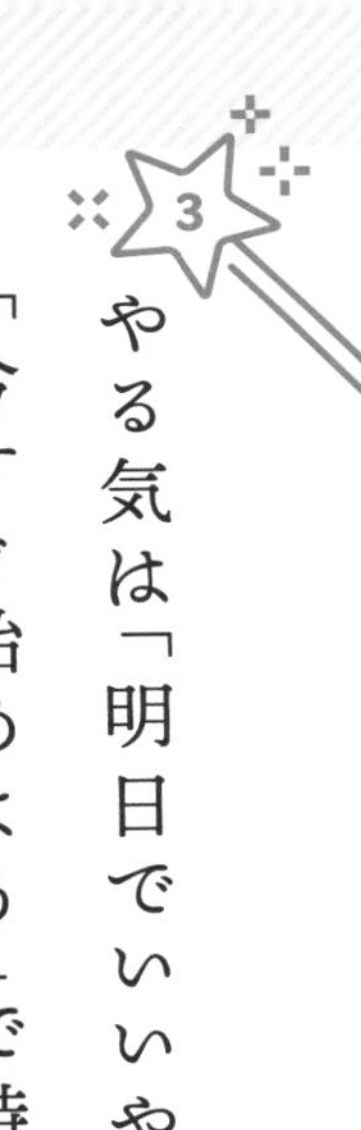

やる気は「明日でいいや」でなくなり、
「今すぐ始めよう」で持続する。

人の意欲というものは、先延ばしにすると減退することがよくあります。

たとえば、人生を楽しむためにやってみようと思いついた趣味があるとします。ちょうどタイミングよく、興味を持っていた趣味の会が新規の会員を募集していたので、申し込もうと思いついたのですが、何となく面倒で、「明日でいいや」と先延ばしにしてしまう。

しかし、翌日になってみると、「趣味を始めたい」という意欲がなくなってしまったというのは、よくあることだと思います。

人間には、このようなことがよくあるのです。

従って、「こんなことをしてみたい」という意欲が芽生えた時には、先延ばしにするのではなく、今すぐに行動するほうが賢明です。

「好機逸(いっ)すべからず」とも言います。

好機を逃すことなくすぐに行動に移すほうが、意欲が長く持続するのです。

「私を強くしてくれる」と、困難な状況に感謝する。

人の人生は、いつも絶好調でうまくいくとは限りません。時に、大きな困難に直面したり、不幸な経験をするのが人生です。とはいえ、そのような経験をすれば、誰もが辛い気持ちになります。

辛い状況の中で、「もう終わりだ」とあきらめたり、努力していく意欲を失う人もいるかもしれません。

しかし、その困難や不幸を乗り越えれば、輝かしい未来が開けるかもしれないのです。

ですから、簡単にあきらめないほうがいいと思います。

辛い状況で大切なのは、意識の持ち方を変えることです。

イギリスの作家であるスマイルズ（19～20世紀）は、「困難や不幸は、その人を鍛えてくれる」と述べました。

このように、「辛い経験が、私を鍛え、強くしてくれている。私を成長させてくれている」と、意識の持ち方を変えることで、心が前向きになります。

困難や不幸を乗り越える勇気も生まれるのです。

夜の闇があるからこそ、夜明けは美しい。
不幸があるからこそ、
幸福は一層すばらしい。

夜明けが人の目に美しく感じられるのは、きっと、夜の闇があるからでしょう。闇があるからこそ、朝の光はより一層輝かしく感じられるのです。

人間の人生の「不幸と幸福」の関係も、それと似ているのではないでしょうか。

不幸な経験をするからこそ、その後にやってくる幸福がより一層うれしく、また、ありがたいものに思えてきます。

そして、「この幸福を大切にしていきたい」という気持ちも強まります。

そういう意味で言えば、不幸な出来事を経験するのは決して悪いことではないのです。

不幸とは、ある意味、幸福の味わいを一層引き立ててくれる調味料と言ってもいいでしょう。

従って、不幸な経験をしているとしても、あまり否定的に考えるのではなく、「不幸が終わった後にやってくる幸福は、すばらしいものになるだろう」と、前向きな気持ちを忘れないことが大切です。

6

焦(あせ)らない、慌(あわ)てない。しかし、怠(なま)けない。

「早く夢を叶えたい」と、焦ってはいけないと思います。チャンスをつかむためにすぐ動くことは大切ですが、だからといって下手に焦ってしまうと、かえってうまくいかなくなることがあるからです。

「早く幸福になりたい」と、慌ててもいけません。慌てた結果、つまらない失敗をして、かえって幸福から遠ざかる場合もあるからです。

人生は、「焦らない、慌てない」ということをモットーにしていくほうが、つまらない間違いをしないで済みます。

そのほうが夢や幸福に早く近づいていけます。

焦ってはいけない、慌ててはいけないとはいっても、もちろん怠けてもいけません。自分のペースを大切にしながら、怠けることなく、じっくりと着実に努力を続けていくことが大切なのです。

過程を楽しむ。
そして時々、
来た道を振り返ってみる。

山登りをより有意義にするコツは、頂上のことばかり考えるのではなく、頂上までの道のりを楽しむことにあります。

頂上のことを意識すると、「頂上はまだあんな先なのか」と、うんざりした気持ちにさせられます。

ですから、「頂上まで、あとどのくらいあるか」ということはあまり意識せずに、とにかく「今」を楽しむようにするのです。

歩きながら「花が美しい」「木々の緑がきれいだ」「晴れ渡った空が気持ちいい」と、過程を楽しむことに意識を向けて行くほうが、疲労感が少ないのです。

そして、時々、これまで歩いてきた道を振り返ってみます。

すると、「気づかないうちに、こんなに登ってきたのか」と、勇気づけられるのです。

人生も、そんな山登りと同じです。

過程を楽しみ、時々、今まで努力してきた道のりを振り返ってみれば、途中で嫌になることなく目標に到達できます。

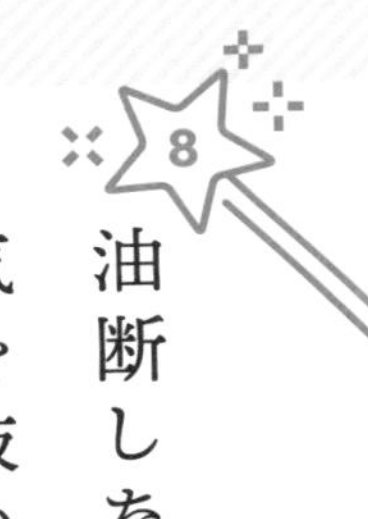

油断しない。
気を抜いたとたん、
これまで築いてきたものが無になる。

第二次世界大戦当時、イギリスの首相だったチャーチルは、「一度剣を抜いた以上は、勝利を完全に手にするまで、剣を捨ててはいけない」と述べました。

この言葉にある「剣を捨てる」とは、自分が優勢にあるのをいいことに、「もう勝負は決まった。私の勝ちだ」と油断することを意味しています。

何事も、油断は禁物です。

油断したとたん、大きな失敗を招くことが、人生ではよくあるのです。

ですから、「私は完全に勝った。成功した」と言えるまで、油断することなく、気合十分で物事に専念することが大切です。

言い換えれば、人生の勝者、成功者とは、最後まで剣を投げ捨てなかった人、つまり、油断せず最後まで闘志を燃やし続けた人だと言えるでしょう。

要領がいいだけの人よりも、不器用な人のほうが生き残る。

「要領がいい人」というのは、一時は周りの人たちから注目され、活躍することがあります。

しかし、その活躍は、あくまで「一時的なもの」である場合が多いようです。

「要領がいい人」は、それほど努力しなくても物事をうまくできるので、それ以上の努力をしようとは思わないからです。

一方で、「不器用な人」というのは、すぐに注目されることはないかもしれませんが、地道に努力していくことができます。

このタイプの人は、自分が不器用であるということを自覚し、克服するために地道に努力できるのです。

従って、長い目で見れば、不器用な人のほうが信頼を得やすいようです。

つまり、地道に努力していく人のほうが、最終的には、世間から高く評価されるものなのです。

要領がいいだけの人になるよりも、不器用だけれど地道に努力する人になるほうがいいと思います。

屈辱的な立場に立たされても、
堂々としている人を、
必ず人は見ている。

動物園で飼育をしている人が、次のような話をしていました。

ライオンは、檻(おり)の中に閉じ込められている時でも、とても堂々としている。百獣の王にとって、人間に捕らえられて檻に入れられるというのは、とても屈辱的なことのはずなのに、決して卑屈な態度は見せない。檻の中でも堂々と、それこそ百獣の王として振る舞う。

人間も、そんなライオンのようにありたいものです。

時に、屈辱的な経験をすることがあります。

しかし、面目を失って恥ずかしくなるような状況であっても、あくまでも堂々とした振る舞いを見せるようにするのです。

見る人は見ているものです。

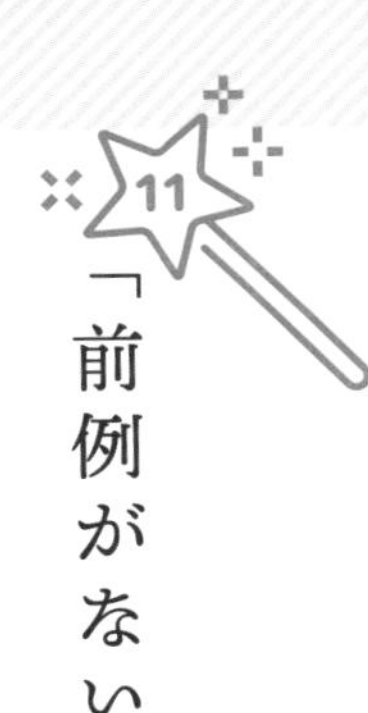

「前例がないからやめておこう」ではなく、「やってみよう」のほうがいい。

「前例がないから、やめておこう」と言う人がいます。

言い方を変えれば、前例のあることしかやろうとしない人なのでしょう。

いわば、他人の敷いたレールを走ることしかしない人です。

そのような生き方は確かに安全だと思いますが、一方で、人生に喜びがないと思います。

生きることの喜びは、やはり、新しいことにチャレンジすることから生まれることが多いのです。

今まで誰もやったことがないことへのチャレンジに情熱を燃やしてこそ、新鮮な喜びが生まれます。

そういう意味では、「前例がないから、やってみよう」ということをモットーにする生き方もあると思います。

そのようなチャレンジ精神を持つことで、人生は楽しくなるでしょう。

社会福祉活動家として活躍したヘレン・ケラーは、「人生はどちらかだ。勇気を持ってチャレンジするか、棒に振るかである」と述べました。

「勇気を持ってチャレンジしない人は、人生を棒に振ることになる。つまり、自分の人生を無駄にすることになる」ということを語っているのです。

ヘレン・ケラー自身は、視覚と聴覚に障害がありました。

それにもかかわらず、様々な社会的活動にチャレンジしました。

それこそ、前例のないチャレンジだったのです。

そのようなチャレンジ精神を持っていたからこそ、彼女は充実した人生を送れたのでしょう。

第6章 読むだけで、孤独も力になる言葉

自分にしかできないことをする。
それは誰もしてこなかった、
新しいことである。

自分の個性を発揮して、自分にしかできないことをするというのは、ある意味、孤独な作業かもしれません。

今まで誰もしたことがない、新しいことだからです。

そんな前例のないことをしようというのですから、理解者は少ないでしょうし、導いてくれる人もいないと思います。

しかし、だからこそ、世間を驚かせるような画期的なことができる、とも言えます。

イギリスの文学者であるサミュエル・ジョンソンは、「誰かのまねをして英雄、偉人になった人など、歴史上一人もいない」と述べました。

言い換えれば、自分にしかできないことをしたからこそ、その人は英雄や偉人と呼ばれる人間になれた、ということです。

たとえ孤独な作業だとしても、自分にしかできないことをやり遂げる道を選ぶほうが、人生を充実させることになります。

2

孤独を経験するから、人は強くなれる。

孤独の中で、人はある大切なものを学び、身につけていくのではないでしょうか。

それは、「忍耐力」です。

孤独な時、辛い思いをします。

その孤独感に負けそうにもなります。

しかし、そのような状況の中でもがき苦しみながら「耐える力」を養っていくことができると思います。

その結果、精神的に強くなっていきます。


ノルウェーの劇作家であるイプセンは、「我々はみな真理のために闘っている。だから孤独だ。だから寂しい。しかし、だから強くなれる」と述べました。

孤独の中で強くなり、強い忍耐力を身につけながら、どんな困難にも打ち勝っていける人に育っていくのでしょう。

そういう意味では、孤独を経験することは悪いことではないと言えます。

孤独な時、人は「大切な人の存在」を知る。

ある男性は、30代前半で大きな病気をしました。

そのために、仕事を離れて、長期入院することになりました。

病院のベッドに寝ていると、ひしひしと孤独感を覚えました。

そんな時に、よくお見舞いに来てくれた女性がいたそうです。

会社の同僚でした。

彼女の優しさと、自分を思っている気持ちに心を打たれました。

退院後、結婚し、仲良く暮らしています。


孤独である時に、自分の人生にとって本当の意味で「大切な人」との関係が深まっていくことがあります。

これも、孤独がもたらしてくれる恩恵の一つと言っていいでしょう。

病気に限らず、孤独な状況にある時、その孤独感から自分を救ってくれるような、大切な人が見つかる場合も往々にしてあるものです。

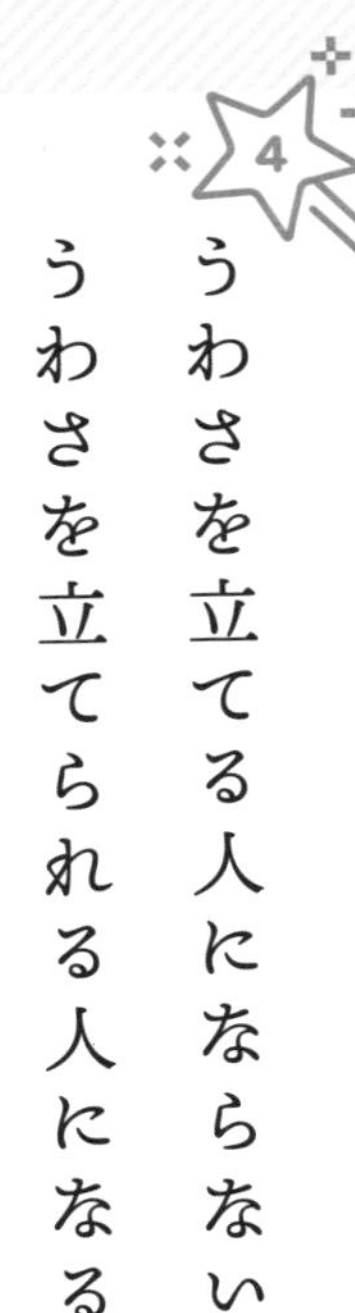

うわさを立てる人にならない。
うわさを立てられる人になる。

周りの人たちから、まったく根拠のない悪いうわさを立てられることがあります。腹が立つでしょうし、孤独感も覚えると思います。

しかし、見方を変えれば、うわさを立てられるのは、その本人がそれだけ活躍し、注目されている存在だからなのでしょう。

そう考えることができれば、気が楽になるのではないでしょうか。

そうなれば、「うわさなんて気にせずに、自分がやるべきことに専念しよう」と、気持ちを入れ替えることもできます。

逆に、とかく他人のうわさをする人というのは、それほど活躍できず不本意な生活を送っている人が多いと思います。

ですから、活躍している人を見ると、嫉妬して、悪いうわさを流して足を引っ張ろうとするのです。

「うわさをする人」になるよりも、「うわさされる人」になるほうが、よほど上等だと思います。

5

孤独の中で開き直ると、志を貫ける。

孤独な状況の中で心が弱くなり、目指していたものを見失いそうになることがあるかもしれません。

そのような時は、「私は私だ、他人からどう思われても構わない」と、いい意味で開き直るのも一つの方法です。


坂本龍馬は、「世の中の人は、私のことを何とでも言えばいい。私が成し遂げようとしていることは、私だけが知っている（意訳）」と述べました。

これは、いい意味での開き直りの言葉だと思います。

幕末の動乱の中で高い志を抱いていたものの、周りの人たちから理解されなかったことも多かったのでしょう。

龍馬自身、孤独を感じることもあったと思います。

しかし、このように開き直ることによって、最後まで志を貫いたのです。

6

心の内の声を聞きたい時には、あえて孤独になる。

「自分は何をしたいのか。どういう生き方をすべきか」という人生の重大な問題について、じっくりと考えてみなければならない時があります。

そういう時には、孤独になる必要があります。

孤独の中で聞こえてくる声があるからです。

自分の心の奥のほうから聞こえてくる声です。

その心の声に耳を傾けることで、本当に自分が望んでいる生き方とはどのようなものなのか、ということがわかってくるのです。


このような「心の声」というものは、大勢の人たちに囲まれている状況ではなかなか聞こえてこないものです。

静かな環境の中で一人になっている時に聞こえてくるものなのです。

ですから、時には一人きりになって、「心の声」に耳を傾ける習慣を持ってもいいでしょう。

自分らしい個性的な生き方がわかってきます。

7

人が真に創造的になれるのは、
孤独でいる時だ。

ドイツの哲学者であるニーチェは、「孤独な者よ、君は創造者の道を行く」と述べました。

言い換えれば、孤独になることで、人は真の創造性を発揮できる、という意味になると思います。

仕事で何か画期的な商品を作りあげる時、あるいは個性的な企画書を書く時などは、人から離れて一人になるほうがいいと思います。

孤独の中で、その人が持っている創造性が発揮されて、「そうだ、これでいこう」と本心から思えるすばらしいアイディアが思い浮かぶのです。

仕事ばかりではありません。

たとえば、趣味で俳句を作ったりする時も、あえて一人でいられる環境に身を置くのもいいのではないでしょうか。

きっと、創造性が発揮され、すばらしい作品ができると思います。

積極的に孤独になる。
心を癒すために。

心理学に「ソリテュード」という言葉があります。

「積極的孤独」と訳されています。

自分自身を積極的に、孤独という環境に置くことを意味しています。

日常生活の中で、仕事の関係者、あるいは友人や家族から離れて、一人になる時間を積極的に作るのです。

なぜそのようなことをするのかと言えば、孤独になることには様々なメリットがあるからです。

たとえば、心静かに、物事を深く考えることができます。

混乱していた心を整理することもできます。

また孤独は、精神的な癒しにもなります。

特に、現代人は、様々なことでストレスをためやすい環境にあります。

ですから、ストレス解消の意味でも、時に一人になって心を癒す時間を作るといいと思います。

たまには一人になるといい。
他人の目を気にする必要がないから。

第7章 読むだけで、人に強くなる言葉

人に会おう。
そこから何かが生まれる。

人生のチャンスというものは、「人との出会い」から生まれることが多いのです。ある人との出会いから、幸せになるチャンスが生まれたり、ビジネスで成功するきっかけを得られたりします。

そういう意味では、積極的に色々な人に会う機会を作っていくといいでしょう。パーティや会合には、信頼できる人から誘われたら、できるだけ出席するようにします。尊敬する人から「（人を）紹介してあげよう」と言われたら、その誘いに乗って、紹介してもらうといいと思います。

そのようにして多くの人に会っていくうちに、思わぬ幸運が転がり込んできます。

人との出会いを有効なものにするコツは二つあると思います。

一つは、人との出会いを楽しみにする、ということです。

そして、もう一つは、人との出会いに感謝する、ということです。

この「楽しみにする」と「感謝する」を心がければ、さらにいいことが起こります。

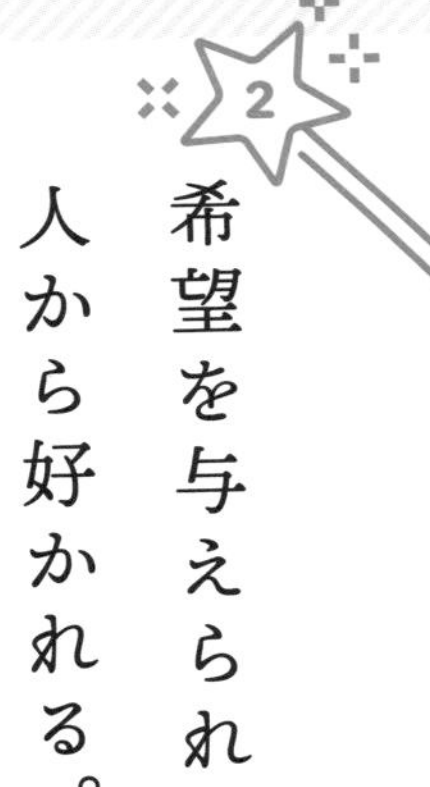

希望を与えられる人が、人から好かれる。

人に明るい希望を与えられる人がいます。

そういう人は、周りの人たちから慕われ、また、大切にされます。

では、どのようにすれば「人に希望を与えられる人」になれるのかと言えば、まず大切なのは、相手が何を望んでいるかを上手に察するという能力を身につけることだと思います。

次に、相手が望んでいることのために、自分に何ができるかを考えます。

そして、「私がこれをしてあげれば、喜んでくれるだろう」というものが見つかったら、それをしてあげます。

それが「人に希望を与える」ということにつながります。

天台宗の開祖である最澄(さいちょう)は、「人々の心に光をもたらすことができる人は、世の中の宝である（意訳）」と述べました。

「人の心に光をもたらす」とは「明るい希望を与える」ということであり、それができる人は「宝」のように貴重な存在なのです。

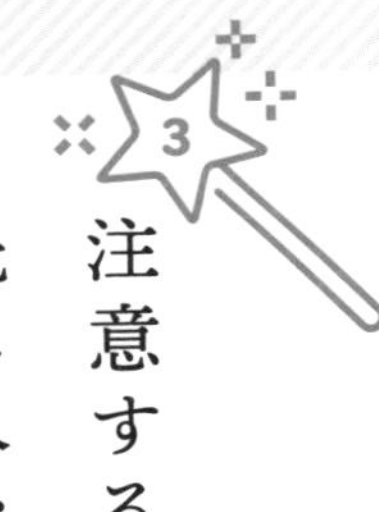

注意するのは後でいい。
先に人を助けてあげよう。

大きな失敗をして困っている人がいたとします。

そのような人に対して、周りの人たちは往々にして「あなたのこういうところが原因では？」と注意しがちです。

しかし大切なのは、注意するよりも先に、助けてあげることではないでしょうか。注意することなど、助けてあげた後でもいいのです。

イソップ物語に、『水浴びに行った子供』という話があります。

ある日、一人の子供が川に水浴びに行きました。そこで誤って川の深みにはまり溺(おぼ)れてしまいました。水の中から、通りがかりの人に「助けてください」と叫んだら、その通りがかりの人は、助けずに、「注意していないから溺れるんだ」と、子供を叱りました。

その子は「注意するのは後にして、先に助けてください」と言い返しました。

この話にあるように、注意するより先に助けてあげることが、人へのやさしさになるのです。

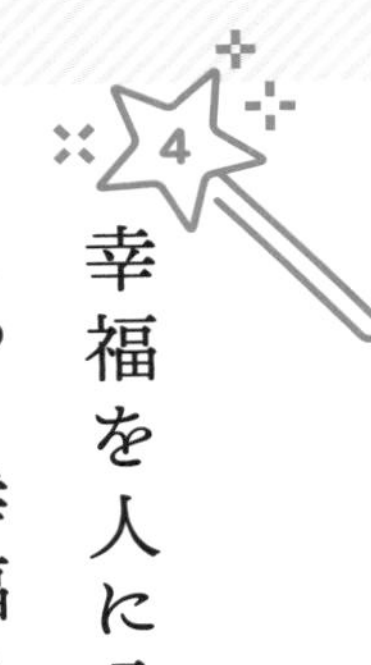

幸福を人に分けると、もっと幸福になれる。

幸運に恵まれ幸福な生活ができた時には、その幸福を周りの人たちに分けてあげることを考えるようにすると、もっと幸せになれます。

幸福を人と分かち合うことで、一層幸福な気持ちになれるのです。

しかし、残念ながら、幸福を自分一人だけで独占しようとする人もいます。

しかし、そのような欲張った気持ちを持つと、いい友達も、いい仲間も、いい協力者もできません。

自分の幸福を周りの人と分かち合ってこそ、温かい人間関係を築きあげていくことができます。

明治時代の文豪である幸田露伴(こうだろはん)は「分福(ぶんぷく)」という言葉を使いました。

「分福」とは、「自分の幸福を、人に分ける」ということです。

この分福によって、人は一層幸福になれると説いたのです。

人を徹底的にやり込めない。
逃げ道を作っておくほうがいい。

人と口論になることがあります。

そのような時、自分の言っていることが正しいと判明し、軍配は自分の側に上がったとしても、相手を徹底的にやり込めるのは賢明ではありません。

たとえば、ある人を徹底的にやり込めたとします。そうすればその人は、たとえ自分が間違っていたとわかっていても、恨みに思うでしょう。

そして、その恨みから、今後、こちらに何か良からぬことをしてくるかもしれないのです。

ですから、どこかで、「あなたの主張にも、もっともなところがあるね」といったように、逃げ道を作っておいてあげることも大切です。

中国の格言には、「ネズミの穴をふさいではいけない」というものがあります。

「穴」とは、ネズミの逃げ道です。

相手の逃げ道を作っておくのは大切だ、ということを指摘しています。

第一印象で決めつけない。

仲のいい夫婦に、相手と初めて出会った時の印象を尋ねてみると、意外に、「第一印象はあまり良くなかった」という答えが多く返ってくるものです。

「あまりいい人だと思わなかった」

「私とは合わないと思った」

といった感じです。

しかし、そんな「第一印象が良くなかった相手」と、いつしか心が惹(ひ)かれあうようになり、結婚していい夫婦になっていく……そんなケースがよくあるのです。

人間関係とは不思議なものです。


たとえ第一印象が良くなかったとしても、せっかく出会った間柄なのですから、その人との関係を大切にしていくことです。

そうすれば、将来的に、その相手が自分の人生にとって「大切な人」になっていくこともあるのです。

命じるだけでは、人はついてこない。
ほめてこそ、人は動く。

会社の上司と部下の関係、友人関係や夫婦の関係も同じだと思うのですが、「これをやってくれ」と命じるだけでは、相手は気持ちよく動こうとはしないものです。たとえ動くとしても、それは、嫌々ながらでしょう。


相手に気持ちよく動いてもらうために大切なのは、「ほめる」ことです。

「あなたがいてくれて、本当に助かります」

「ありがとう。いつも感謝しているよ」

そんなほめ言葉を日常的に、いつもかけていると、相手は協力的になってくれます。


人には「認めてほしい」という欲求があります。

心理学では「承認欲求」と言いますが、この欲求が満たされるとうれしいのです。

「ほめる」というのは、相手の承認欲求を満たしてあげる、もっとも良い方法です。

苦手な相手だからこそ、ていねいにつき合っていく。

性格的に合わないとか、相性が悪いとか、誰にでも「苦手だなあ」という人がいるのではないでしょうか。

そんな時、人は往々にして、苦手な相手に対して、いいかげんな態度を取ったり、文句を言ったりしてしまいがちです。

しかし、それが原因で、人間関係が悪化する場合も少なくありません。

人間関係が悪化すれば、それはそれでお互いに嫌な思いをすることになりますし、ストレスもたまります。

苦手に思う相手でも、ていねいに礼儀正しくつき合っていくことが大切です。

ていねいにつき合っていくことで、余計なトラブルを引き起こすのを避けられます。

苦手な相手だからといって、信頼関係を築けないわけではありません。

「苦手」と「信頼できない」を一緒にしないことが大切です。

9

誠実さと礼儀正しさは、話術に優る。

いくら口が達者といっても、誠実さや礼儀正しさに欠ける人は、周りの人たちから信頼はされません。

反対に、口下手であっても、誠実に、礼儀正しく人とつき合っていける人であれば、周りの人たちから信頼され大切にされます。

「誠実であることは、話術に優る」のです。

人間関係でもっとも大切なのは、やはり「誠実さ」と「礼儀」なのです。

今、自分が口下手だということで悩んでいる人がいるかもしれません。

そういう人は「誠実さ」「礼儀正しさ」を強調して人とつき合っていけばいいでしょう。

たとえば、

誠実に相手の話を聞く。

小さな約束でも必ず守る。

何かしてもらったら、親しい間柄でも、必ずひとことお礼を言う。

といったことです。

保険の営業ですばらしい成績を上げた女性がいます。

彼女はもともと口下手でした。

そこで、「お客様の目線で、何を説明してほしいか、何が不要なのか、何を言われれば安心・納得できるのかを考えて準備をしてから、お客様にお会いしよう」と考えました。

そして、好評を得て、販売実績をどんどん上げていったのです。

周りには、弁の立つ同僚がたくさんいましたが、「誠実さと礼儀正しさは、話術に優る」ということを証明したのです。

第8章 読むだけで、ピンチがチャンスに変わる言葉

勝敗は「最後の5分」で決まる。

ナポレオンは、「戦争の勝敗は、最後の5分間で決まる」と指摘しました。

どんなに優勢でも、最後の5分間で油断すれば、負けることになります。


もちろん逆も言えます。

劣勢であっても、「最後の5分」での大逆転もありうるのです。


この言葉は、現代のビジネスやスポーツの世界にも通じるものが十分にあると思います。

どのような仕事やスポーツであれ、たとえうまくいっていたとしても、最後に油断するのは禁物です。

一方で、計画通り実績が出ていなくても、最後の最後に力の限り踏ん張れば十分に逆転は可能なのです。

「勝ちたい」より、「負けたくない」のほうが強い。

スポーツ心理学では、「どうしても勝ちたい」と意気込むと、プレッシャーが必要以上に強くなり、実力を発揮できないまま終わることがあると言われています。

「勝ちたい」と思うよりも、「負けたくない」と考えるほうが賢明です。

「負けたくない」は、「勝ちたい」よりもプレッシャーが少なくて済みます。

その分、自分が持っている底力を十分に発揮できます。

仕事でも「あの人に勝ちたい」と意気込むよりも、「あの人には負けたくない」と考えておくほうがストレスが少ないでしょう。

そのほうが余計なプレッシャーに苦しむことなく、自分が持っている実力を発揮できます。

そして、より大きな実績を上げられると思います。

深刻に考えすぎない。しかし、真剣に考える。

人は、時に、苦しい状況に陥ることがあります。そのような状況で大切なのは、深刻に考えすぎないということです。悲観的なことばかりが心に浮かんでくるからです。

しかし、だからといって、その状況を軽く考えてもいけません。じっくり考えなければならないことは真剣に、まじめに考えていく必要があります。要は「深刻に考えない」ということと、「じっくり真剣に考える」ということの、ちょうどいいバランスを取っていくことが重要です。

言い換えれば、この「真剣に考えるが、深刻には考えすぎない」というバランスを上手に取っていけるのが、人生の達人と言えるのではないかと思います。

ピンチになっても、上手に脱することができたり、逆にチャンスに変えることができる人も、このバランスをうまく取っていける人なのです。

「真剣」と「深刻」のバランスのいい人が、先へ先へと前進していきます。

4

足元ではなく、先のほうを見る。

サーカスなどで綱渡りをする芸人は、綱を渡る時、足元を見ることはないと言います。

足元に気を取られすぎると、バランスを失って綱から落ちることになりかねないからです。

ですから、先のほうを見ながら綱の上を歩いて行きます。


このことは人生全般にも通じるのではないでしょうか。

窮地に陥った時、今自分の足元で起こっているトラブルや、うまくいかないことばかりに気を取られてはいけないと思います。気持ちが滅入ってきて、バランスを失ってしまうかもしれません。

そうならないために大切なのは、少し先のほう、つまり未来へと目をやることです。

「いつかはこの窮地から抜け出すことができ、すばらしいことが待っているはずだ」とわかれば、心のバランスがうまく取れます。

「不条理」を受け入れると、やがて乗り越えられる。

人生には多くの不条理があります。

たとえば、一生懸命努力したのに報われない、ということがあると思います。

また、誰かのために心から尽くしていたのに、誤解されて嫌われることがあるかもしれません。

そのような経験をする時、「人生とは、なんて不条理なものか」という気持ちにさせられると思います。

しかし、それを嘆いてばかりいるのでは、いい人生を築いていけないのも事実です。

そのような「人生の不条理」を受け入れた上で、乗り越えてがんばっていくしかないのではないでしょうか。

不条理に負けることなく、地道に努力を続けていけば、いつの日にか必ず大きな幸福がやってくるのも、また「人生の真実」なのです。

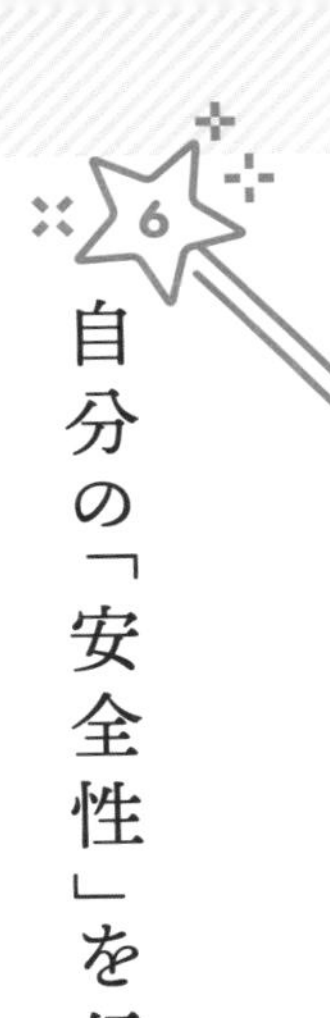

自分の「安全性」を信じる。

飛行機に乗っていると、乱気流に巻き込まれて機体が揺れることがあります。そんな時に、キャビンアテンダント（CA）から、「この機体の安全は保たれていますから、ご安心ください」とアナウンスがあると、ほっと気持ちが和らぐものです。そして、実際に、飛行機は目的地へと安全に到着します。

人生でも、時に、乱気流に巻き込まれるような経験をするものです。突発的なトラブルに見舞われて、いきなりピンチに立たされるような経験です。そんな経験をすれば、心が不安で揺さぶられます。

そのような時には、自分という人間の「安全性」を信じ、「大丈夫。どうにかなる。私はこんなことでダメになってしまう人間ではない」と自分に言い聞かせると、その後、良い結果が得られます。

気持ちが落ち着き、安全に目的地へと到達できると思います。

逃げるのも、克服するのも、いずれも習慣になる。

困難な問題にぶつかった時、一度そこから逃げ出すと、それは習慣になりやすいものです。

次に難しい状況になった時、逃げ出したくなります。

ですから、逃げることなく、できるだけ踏ん張って、その難しい状況を乗り越えていくほうが将来的にはいいと思います。

一方で、克服するということも、また習慣になります。

これは、いい習慣と言えるでしょう。

困難な問題をがんばって克服すれば、次に難しい状況に直面したとしても、「私はこれも克服する力がある」と自信を持って臨めます。

ですから、この「克服する」という習慣を身につけて、自分の能力への自信を大きくしていくほうが得策です。

それができれば、どんな問題が起きても怖れることはありません。

失敗は恥ではない。
成功へと一歩近づいた証である。

アメリカの発明家であるエジソンは、白熱電球を発明するまでに数多くの失敗を繰り返したと言われています。

それだけ困難な発明だったのです。

しかし、失敗してもいちいち落ち込んだりしませんでした。

恥だとも思いませんでした。

一歩ずつ成功に近づいている、という確信があったからです。


人間ですから、誰でも失敗を経験することがあります。

エジソンのような天才でも、多くの失敗をしたのです。

ですから、ミスを苦にしたり、自信を失うことはないのです。

エジソンのように、楽天的な精神を持って、「これで成功に近づいた」と考えることが人生を前向きにします。

9

笑われるのは、アイディアがすばらしい証である。

カフカという小説家がいます。

『変身』や『城』、『審判』といった作品で、20世紀最大の小説家の一人と言われています。

このカフカが、若い頃の話です。

友人たちの前で、自分の作品を朗読する機会がありました。

友人たちはカフカの作品に感動するどころか、笑い出したと言います。

カフカの作品は、あまりにユニークで個性的なものであったために、友人たちは大笑いしたのです。

ところが後に、その個性ゆえに、世間から高く評価されたのです。

会社などで、自分の提出したアイディアを同僚たちに笑われる場合もあるかもしれません。

しかし、落ち込むことはないのです。

「笑われる」ということは、それだけそのアイディアが個性的である証なのです。

これからの社会では、色々な場面で、常識にとらわれないユニークなアイディアが求められていくと思います。

グローバル競争が熾烈（しれつ）になる中、これまでにない奇抜な発想ができない人は生き残っていけない、と指摘する人もいます。

どんな場合でも、思い切ってユニークなアイディアをどんどん提案していくことが必要です。


周りの人たちから笑われるかも、と気にすることはありません。

それはむしろ、喜ぶべきことだと考えるのです。

おわりに

「自分が今生きている世界を変えたい。世界が変われば、今よりももっと幸せに生きていけるのに」と言う人がいます。

しかし、自分の外側にある世界を変えるのは簡単ではありません。

一方で、もっと簡単に、今すぐに変えることができるものがあります。

それは「自分の心のあり方」です。

物事を見る視点をちょっと変えてみたり、自分の人生に小さな幸せを見つけることを心の習慣にするのです。

そうするだけで「世界」もまた変わってきます。

心のあり方を変えることで、それまで灰色に見えていた世界が、バラ色になっていくのです。

そして、これまでよりもずっと元気に明るく生きていけるようになります。

そのように前向きに自分の心のあり方を変えていく上で、「言葉」がとても役に立ちます。

一つの言葉を目にしたり、口に出して言うだけで、心のあり方がガラリと変わることがよくあるのです。

ですから、そのような「言葉が持つ力」というものを、自分の人生をより満ち足りたものにしていくために上手に役立てていただきたいと思います。

良い言葉には不変の真理が宿っています。

そんな言葉を「心の友」として、共に生きていくことをお勧めしたいと思います。

植西 聰

青春文庫

自分(じぶん)を救(すく)ってくれる魔法(まほう)の言葉(ことば)

2020年2月20日　第1刷

著　者　植西(うえにし) 聰(あきら)

発行者　小澤源太郎

責任編集　株式会社プライム涌光

発行所　株式会社青春出版社

〒162-0056　東京都新宿区若松町12-1
電話 03-3203-2850(編集部)
03-3207-1916(営業部)
振替番号　00190-7-98602

印刷／大日本印刷
製本／ナショナル製本

ISBN 978-4-413-09748-2

言ってはいけない！ やってはいけない！
大人のＮＧ
知らないとマズい日常生活のＮＧから、誰も教えてくれない業界ＮＧまで……。実はそれ、アウトです！
話題の達人倶楽部［編］
(SE-728)

ヤバいほど面白い！
理系のネタ100
「あのメロディ」が頭にこびりついて離れないのはなぜ？「まぜるな危険」を混ぜたらどうなる？ など、人に言いたくなる理系雑学
おもしろサイエンス学会［編］
(SE-729)

できる大人の人間関係
１秒でくすぐる会話
「いいね！」にはコツがいる。誰でも一瞬で気分が良くなる〝スイッチ〟の見つけ方。
話題の達人倶楽部［編］
(SE-730)

目からウロコの「実践」脳科学
あなたの脳のしつけ方
「聞きわけのいい脳」をつくるちょっとしたコツを大公開！思い通りの人生を手に入れるヒント。
中野信子
(SE-731)

ほんとうのあなたに出逢う◆青春文庫

結局、「シンプルに考える人」がすべてうまくいく

質とスピードが一気に変わる最強の秘密

仕事、人間関係、こだわり、不安…あれもこれもと追われる人生からオサラバする方法

藤由達藏

(SE-732)

マンガ 企画室 真子のマーケティング入門

マーケティングの本質は、マンガを楽しみながら30分で理解できる！店を託された新人女性社員の奮闘記。

佐藤義典　汐田まくら［マンガ］

(SE-733)

最強の武器になる「敬語」便利帳［一発変換］

仕事、電話、メール、おつきあい…もう怖くない

部長に「課長はいらっしゃいません」、来客中の「ちょっといいですか？」…日常語から敬語への一発変換方式で、使える619の実例

知的生活研究所

(SE-734)

1秒で刺さる ことわざ・慣用句・四字熟語

会話力と文章力が見違えるほどアップする、できる大人の日本語教室。教養がにじみ出る1500項。

話題の達人倶楽部［編］

(SE-735)

ほんとうのあなたに出逢う ◆ 青春文庫

ワンランク品のよくなる英会話

レストランで、高級ブティックで…どんな場でも心地よく話せるエレガントな言い回し、社交術が身につく!

田村明子

(SE-744)

「続けられる人」だけが人生を変えられる

英語勉強、筋トレ、早起き、毎日読書…、やると決意したけど続けられない人が、「見る」「動く」「書く」だけで、続けられる人になる。

大平信孝

(SE-745)

ひとりでいる時に幸せの神様はやってくる!

運がよくなる☆奇跡が起こる! 心の習慣

あなたのすべては守られている!誰にも邪魔されない静けさの中、運命の扉は開かれる♪

佳川奈未

(SE-746)

日本人の9割がつまずく日本語

理由がわかると迷いが消える

できる人は、言葉のツボをおさえている。暫時と漸次、姑息と卑怯、関東と首都圏…悩ましい〝日本語の壁〟を超える本

話題の達人倶楽部[編]

(SE-747)